BEI GRIN MACHT SICH IHR WISSEN BEZAHLT

AF155459

- Wir veröffentlichen Ihre Hausarbeit, Bachelor- und Masterarbeit

- Ihr eigenes eBook und Buch - weltweit in allen wichtigen Shops

- Verdienen Sie an jedem Verkauf

Jetzt bei www.GRIN.com hochladen und kostenlos publizieren

Andreas Wendt

Die Stille im Gottesdienst

GRIN Verlag

Bibliografische Information der Deutschen Nationalbibliothek:

Die Deutsche Bibliothek verzeichnet diese Publikation in der Deutschen National-
bibliografie; detaillierte bibliografische Daten sind im Internet über http://dnb.d-
nb.de/ abrufbar.

Impressum:

Copyright © 2001 GRIN Verlag GmbH
Druck und Bindung: Books on Demand GmbH, Norderstedt Germany
ISBN: 978-3-640-13761-9

Dieses Buch bei GRIN:

http://www.grin.com/de/e-book/110636/die-stille-im-gottesdienst

GRIN - Your knowledge has value

Der GRIN Verlag publiziert seit 1998 wissenschaftliche Arbeiten von Studenten, Hochschullehrern und anderen Akademikern als eBook und gedrucktes Buch. Die Verlagswebsite www.grin.com ist die ideale Plattform zur Veröffentlichung von Hausarbeiten, Abschlussarbeiten, wissenschaftlichen Aufsätzen, Dissertationen und Fachbüchern.

Besuchen Sie uns im Internet:

http://www.grin.com/

http://www.facebook.com/grincom

http://www.twitter.com/grin_com

Andreas Wendt

Die Stille im Gottesdienst

Referat im Rahmen des Hauptseminars

„Die Theologie des Gottesdienstes" Sommersemester 2001

Eberhard-Karls-Universität Tübingen, Fakultät für Evangelische Theologie

Institute für Systematische Theologie und Praktische Theologie

„So, dann wollen wir stille werden!" sagte der christliche Komiker (ja, so etwas gibt es – leider) auf der missionarischen Jugendveranstaltung. Er hatte gemerkt, daß die Lautsprecheranlage nicht ihrem Zweck diente und er die Halle nur mittels unverstärkter Stimmgewalt weit besser füllen konnte – unter der Voraussetzung, daß alle im Publikum leise waren. So forderte er sie auf, „stille" zu werden. Das hatte den Erfolg, daß die Zuhörer, die wie auf den meisten missionarischen Veranstaltungen fast alle schon Christen waren, die Hände falteten, die Augen schlossen und das Haupt senkten – was ihm Anlaß zu seinem ersten Witz gab.

Stille und Beten scheint zusammenzugehören. In vielen Christen lebt das Bewußtsein: *Ich muß still sein, damit ich mit Gott reden kann.* Und entweder führt die innere Stille automatisch auch zu einer äußeren stillen, aller anderen Kommunikation absagenden Haltung. Oder diese Haltung der äußeren Stille wird eingenommen, um erst zu jener inneren Stille zu gelangen.

Ich möchte ganz kurz sagen, was ich hier nicht tun werde: Ich werde nicht versuchen, die Unterschiede zwischen Stille, Ruhe, Schweigen, Meditation und Kontemplation zu erklären. Ich verstehe sie selbst nicht genau, und jeder füllt die Begriffe auch anders. Und alles in allem wäre es entweder nicht ergiebig, oder es würde diesen Rahmen sprengen. Ich verwende hier die Begriffe Stille und Schweigen, und zwar weitgehend synonym.

Warum eigentlich Stille? Soll im Gottesdienst nicht geredet werden? Ist Stille nicht etwas zutiefst ... naja, sagen wir wenigstens Unlutherisches?

1. Die Stille in der theologischen Literatur

In der Liturgik und genauso in der Dogmatik verhält es sich mit der Stille genauso wie in der Liturgie: Es ist still, sie kommt relativ selten vor, und dann nur kurz. Die Kirchen- und Frömmigkeitsgeschichte kennt sie ein bißchen besser, wenn sie sich mit der Mystik und ihren neuzeitlichen Entsprechungen befaßt. Ich lasse dieses Thema hier aus.

Schlagen wir das „Handbuch der Liturgik"[1] auf, finden wir im Register elf Stellenangaben zu Stichwort „Stille", die aber meist nicht darüber hinaus gehen, daß es im Gottesdienst auch Stille geben kann bzw. sollte. Der Artikel zu den Elementen des Gottesdienstes[2] erwähnt die Stille überhaupt nicht, was aber daran liegen mag, daß der Autor sie unter Gebet subsumiert, jedenfalls nicht als eigenes Element, sondern als Mittel zu deren Zweck versteht. Ansonsten wird die gottesdienstliche Stille gesehen als eines von mehreren Mitteln, den „kontemplativen Charakter von Rede und Musik" zu ermöglichen[3], als „Möglichkeit, bewußter und wacher zu werden, ... nach außen zu gehen und das ‚Beten' in ‚Arbeiten', die Kraft der Stille in bewußte Aktionen umzusetzen"[4], als Freiräume im Fürbittengebet, um sich zu Gott hin zu artikulieren – „auch im Seufzer"[5] oder in Kleinstgemeinden auch als Zeit, einen Bibeltext in den zuvor ausgeteilten Bibeln zu lesen und zu bedenken[6]. Ansonsten wird sie vielleicht noch soziologisch begründet mit einer „bei vielen Menschen wieder erwachten Liebe zur Meditation, zu Stille und Besinnung"[7] oder einfach vorausgesetzt als etwas, das es im Gottesdienst gibt.

---

[1] Handbuch der Liturgik, Liturgiewissenschaft in Theologie und Praxis der Kirche, Hg. Hans-Christoph Schmidt-Lauber, Karl-Heinrich Bieritz, Göttingen 1995 (im folgenden HDL genannt).
[2] Berthold W. Kölber, Die Elemente des Gottesdienstes (Wort Gottes, Gebet, Lied, Segen) HDL 689 – 724.
[3] Rainer Volp, Kirchenbau und Kirchenraum, HDL 490 –509, 505.
[4] Reinhard Kirste, Jugend- und Schulgottesdienst, HDL 801 –816, 815.
[5] Karl-Friedrich Wiggermann, Gottesdienst in geschlossenen Bereichen, HDL 817 – 829, 820.
[6] Peter Sauer, Gottesdienst in Kleinstgemeinden, HDL 849 – 855, 852.
[7] Wolfgang Ratsamen, Familiengottesdienst, HDL 786 – 800, 795.

Das „Evangelische Gottesdienstbuch"[8] erwähnt lapidar, daß im Gottesdienst – sowohl in der Grundform I als auch in der Grundform II – an einigen Stellen eine Stille eintreten *kann*. („Können" ist sowieso das einzige Verb, das in diesem Buch gebeugt wird.) Einen Lexikonartikel zum Stichwort Stille gibt es nicht, die TRE verweist auf den Artikel zur Spiritualität, aber der enthält auch nicht mehr zur Stille als das Gottesdienstbuch.

Zu der Frage, welche Ursprünge die Stille im Gottesdienst hat und wie sie theologisch begründet werden kann, gibt es kaum Material. Wer sich den Spaß machen will, gebe einfach mal im Computer der Bibliothek die Wörter Stille und Gottesdienst an.

Zwei Ausnahmen seien erwähnt, die sich eingehender mit dem Thema beschäftigen:

- Auf dogmatischem bzw. fundamentaltheologischem Gebiet beschäftigt sich Stephanie Dietrich in ihrer Dissertation von 1998 mit dem schweigendem Gebet.[9] Sie fragt nach dem schweigenden Gebet im Zusammenhang menschlicher Kommunikation mit Gott und bietet einen Überblick über das Verständnis von Schweigen in Protestantismus, römisch-katholischer Theologie und Orthodoxie. Speziell für die theologische Begründung bietet sie wichtige Anstöße, die zu begutachten sich lohnen würde, aber hier nur am Rand gestreift werden können.

- Im Liturgischen Jahrbuch erschien 1996 ein Aufsatz von Alfred Ehrensperger zu „Erfahrungen mit Schweigen und Stille im Horizont des Gottesdienstes"[10], der allerdings nicht nur von Erfahrungen handelt, sondern auch theologische Begründungen und Reflexionen liefert. Ehrensperger ist reformierter Schweizer und schreibt auch aus dieser Perspektive. Der Aufsatz bietet aber auch für allgemein interessierte die wichtigsten Informationen. Es ist die einzige Arbeit, die sich eingehender mit dem Thema Stille im Gottesdienst beschäftigt. Ich werde mich daher hauptsächlich an diesem Aufsatz orientieren.

---

[8] Evangelisches Gottesdienstbuch, Hg. VELKD und EKU, Berlin 2000.
[9] Stephanie Dietrich, Das schweigende Gebet, Zur fundamentaltheologischen Grundlage des Verständnisses von schweigendem Gebet in ökumenischem Blickwinkel, Diss. Oslo 1998, in Deutschland: Leipzig 2000.

2. Die Stille in der Bibel

Im Alten Testament ist die Stille und das Schweigen häufig die angemessene Haltung der Geschöpfe, wenn sie vor Gott treten. So gibt es viele Stellen, wo die Stille die Ehrfurcht ausdrückt etwa in Hab. 2,20 (Der Herr ist in seinem heiligen Tempel – stille vor ihm, alle Welt!) und Sach. 2,13 (Stille, alle Welt, vor dem Herrn! Denn schon erhebt er sich von seiner heiligen Stätte). In den Psalmen kommt außerdem der Aspekt des ruhigen Vertrauens auf den Gott dazu, von dem Hilfe kommt z.b. Ps. 62,2.6; Ps. 37,7.[11] Als Elia auf dem Horeb Gott begegnet, ist er nicht im Lärm, sondern in der Stille (1. Kön. 19,11ff).

Die Weisheit Salomos spricht von einem tiefen Schweigen, das den ganzen Kosmos umfing, als Gottes Wort vom Himmel kam (Weish. 18,14f). In der liturgischen Tradition vor allem der römischen Kirche wurde diese Stelle auf die Inkarnation bezogen. Also: „Stille ... als Voraussetzung für das Kommen Gottes".[12]

Im Neuen Testament wird Jesus als Beherrscher der Naturgewalten beschrieben, so in der Perikope von der Sturm-Stillung (Mt. 8,23-27; Mk. 4, 35-41; Lk. 8,22-25). Das Ergebnis seines mächtigen Handelns ist eine γαλήνη μεγάλη. Und deren Ergebnis ist dann die Furcht der Jünger. In den Passionsberichten leidet Jesus schweigend (Mk. 14,61 parr., 15,3-5 parr.).[13] Und in der Offenbarung des Johannes ist von einem halbstündigen Schweigen im himmlischen Gottesdienst die Rede, als das siebte Siegel geöffnet wird (Offb. 8,1).[14]

---

[10] Alfred Ehrensperger, In Stille und Vertrauen liegt eure Kraft, Erfahrungen mit Stille und Schweigen im Horizont des Gottesdienstes, Liturgisches Jahrbuch 46, 1996, 3, 138 – 157.
[11] Ehrensperger; Stille S. 143.
[12] Ebd.
[13] Ehrensperger, Stille S. 144.
[14] Ehrensperger, Stille S. 143.

3. Die Stille in der Kirchengeschichte

Ignatius von Antiochien weist darauf hin, daß Christus als der λόγος aus dem Schweigen hervorgegangen sei. Und in der byzantinischen Liturgie wird der Gedanke der Stille als Voraussetzung für das Kommen Gottes aufgenommen und die Gemeinde vor der Evangeliumslesung ausdrücklich zum Schweigen aufgefordert.[15] So verstand Commodianus, ein christlicher Schriftsteller im 5. Jh. den Ruf „sursum corda" – „die Herzen in die Höhe" als „Aufforderung an die Gläubigen zur Stille vor dem Geheimnis der Eucharistie."[16] Und in der „Traditio apostolica" heißt es zum Verhalten der Gemeinde bei der Weihe des Priesters oder Diakons, daß „alle schweigen und in ihren Herzen um die Herabkunft des heiligen Geistes beten" sollen.[17] *Vielleicht ist es auch diese Tradition, die zu der spezifisch württembergischen Praxis führte, daß die Bitte um den Heiligen Geist zu Beginn des Gottesdienstes im stillen Gebet geschieht. Das weiter zu verfolgen, würde sich für einen Württemberger sicher lohnen.*

Das Schweigen Jesu in den Passionsberichten „weist hin auf die Unangemessenheit der Befragung durch Instanzen dieser Welt" und wurde so auch in der Tradition zu einer leitenden Vorstellung.[18]

Im östlichen wie im westlichen Mönchtum galt das Schweigen als „Schutz vor den Sünden der Zunge"[19], und in der Mystik schließlich soll es alle menschlichen Sinnesregungen stilllegen und so Voraussetzung dafür sein, daß Gott in die Seele kommt und dort bleibt.[20]

Ehrensperger erwähnt dann noch „die Stille im Gottesdienstverständis Huldrych Zwinglis"[21], da die für ihn als Reformierten am interessantesten ist. Da es Zwingli wie Luther daran gelegen war, die Einsetzungsworte der Gemeinde zuzusprechen, konnte er an der Stille als

---

[15] Ebd.
[16] Ehrensperger, Stille S. 144.
[17] Ebd.
[18] Ebd.
[19] Ebd.
[20] Ehrensperger, Stille S. 145.

Teil der Abendmahlsliturgie nicht festhalten. Aber für ihn wird im Abendmahl genau wie schon in der Predigt die Gemeinde in den Leib Christi verwandelt, „und in beiden Situationen kann die Gemeinde nur schweigend und staunend annehmen, was Gott ihr schenkt."[22] Deshalb spricht Zwingli oft vom Beten in der Stille, „vom Verstummen an den Grenzen der menschlichen Möglichkeiten."[23] Das läßt sich natürlich schlecht durchs gemeinsame Singen praktizieren, weshalb Zwingli damit so seine Probleme hatte. Im öffentlichen Gottesdienst ist die einzige Beteiligung der Gemeinde das Gebet, und das geht am besten im Gespräch des Einzelnen mit Gott, und das im Gemeindegottesdienst nur in der Stille.

Für die lutherische Seite möchte ich nur darauf hinweisen, daß in der Deutschen Messe die Stille nicht erwähnt wird. Ob sie dennoch vorkommt, z.B. als stilles Gebet vor Beginn des Gottesdienstes, läßt sich nicht ausmachen.

---

[21] Ehrensperger, Stille S. 153.
[22] Ebd.
[23] Ebd.

4. Stille und Schweigen in der Theologie der Gegenwart

Stephanie Dietrich untersucht in ihrer Arbeit das Verständnis von schweigendem Gebet in den verschiedenen Konfessionen, wofür sie jeweils zwei zeitgenössische Vertreter als exemplarische Beispiele wählt.

Für die protestantische Seite bezieht sie sich auf Bonhoeffer und Ebeling. Hier ist das Schweigen „Voraussetzung und Teil des *Hörens*."[24] Gott redet, der Mensch hört. Das Schweigen „geschieht ... unter dem Wort und aus dem Wort, das zu den Schweigenden kommt und das uns in Christus offenbart und zugänglich geworden ist."[25]

Als römisch-katholische Theologen wählt sie Karl Rahner und Bernhard Welte aus. Bei Rahner entspricht dem schweigenden Gebet „eine ursprüngliche, unbeschreibliche Erfahrung von Selbstverständlichkeit des absoluten Umfasstseins durch den unsagbaren und unbegreiflichen Gott ..., die immer schon in jedem Menschen begründet ist."[26] Bei Welte ist es „menschliche Gebetshaltung in der Erfahrung Gottes als des geheimnisvollen ‚Nichts'."[27]

Die beiden orthodoxen Theologen, die sie auswählt, sind Vladimir Lossky und Archimandrit Sophronius. In ihrem Verständnis ist das Schweigen „die dem apophatischen Gottesbegriff angemessene Haltung vor Gott, der nie begriffen, sondern immer nur erfahren werden kann."[28] Es gibt also verschiedene Zugänge zum schweigenden Gebet. Während bei manchen das Schweigen zum Hören gehört, kann es auch wort-loses Reden oder schlicht eine Einstellung sein. Interessant scheint mir aber, daß es überhaupt ein Thema ist. Für die gottesdienstliche Stille mag das orthodoxe Verständnis am interessantesten sein, da die orthodoxe Theologie ja dezidiert eine „Theologie des Gottesdienstes" ist. Dieser Fährte nachzugehen und sie dann noch für das evangelische Verständnis auszuwerten, würde aber jetzt zu weit führen.

---

[24] Dietrich, Das schweigende Gebet S. 7.
[25] Ebd.
[26] Dietrich, Das schweigende Gebet, S. 13.

5. Wozu Stille im Gottesdienst?

Ehrensperger nennt sieben „Arten und Funktionen der liturgischen Stille"[29], wobei er haupt-sächlich an ihren verschiedenen möglichen Orten im Gottesdienst orientiert ist. Ob er dabei bewußt oder unbewußt an den siebenfachen Nutzen des „swîgens" in der Mystik denkt, den er selbst zuvor zitiert hat[30]? Das müssen wir offenlassen. Die sieben Arten und Funktionen sind folgende:

- Stille als *„Überlegungspause*, wo wir die gehörten Gedanken persönlich zu be-greifen, in uns zu bewegen und uns anzueignen versuchen."[31]

- Stille dient dazu, „die eigenen *Emotionen zu bündeln* und auf das verkündigte Wort des Trostes und des Zuspruchs hin auszurichten."[32]

- Stille als *Beichtstille*

- Stille als *Beobachtungspause*, wodurch „die Feierlichkeit bestimmter Vorgänge"[33] un-terstrichen wird. Ehrensperger nennt hier als Beispiel das Aus- und Einrollen der Tora-Rolle im Synagogengottesdienst, aber leider keines aus dem christlichen Gottesdienst.

- Stille als *„Kontrast zum gesungenen oder gesprochenen Lob Gottes"*, der „gewisserma-ßen ein neues Atemholen" ermöglicht.[34] So finden sich die Pausen beim Psalmensingen oder die instrumentalen Zwischenspiele zwischen Choralstrophen.

- Stille kann „*das Bewußtsein der feierlichen Gegenwart Gottes und der Bereitschaft für ihn fördern*", entweder als Einstellung im gesamten Verlauf des Gottesdienstes oder in einzelnen Stillephasen.

---

[27] Dietrich, Das schweigende Gebet, S. 7.
[28] Ebd.
[29] Ehrensperger, Stille S. 151.
[30] Ehrensperger, Stille S. 145.
[31] Ehrensperger, Stille S. 151.
[32] Ebd.
[33] Ehrensperger, Stille S. 152.
[34] Ebd.

- Stille als stellvertretendes *Gedenken in der Fürbitte* für einzelne Abwesende, entweder durch kurze Stille nach jeder einzelnen Bitte oder am Ende des gesamten Fürbittengebets.

Ich möchte versuchen, den Nutzen der Stille im Gottesdienst in anderen Kategorien zu fassen und mich dabei an der Torgauer Formel zu orientieren. Das folgende möchte ich als Thesen verstanden wissen, die möglicherweise als Diskussionsgrundlage dienen, bestritten und widerlegt werden können.

Die heutige Sitzung mit den dazugehörigen Referaten ist ja überschrieben mit dem zweiten Teil der Torgauer Formel: „... und wir wiederum mit ihm reden durch Gebet und Lobgesang." Damit scheint vorausgesetzt, daß die Stille im Gottesdienst ein Reden des Menschen mit Gott ist, wahrscheinlich am ehesten Gebet, vielleicht gedacht formuliertes, vielleicht wortloses Gebet. Das stimmt insofern, als die Stille und das Stillwerden ein Akt des Menschen ist. Ich möchte aber behaupten:

1. In der Stille im Gottesdienst kann es geschehen, daß unser lieber Herr mit uns redet durch sein heiliges Wort. Das meine ich nicht dergestalt, daß wir eine innere Stimme hören, die uns interessante Dinge erzählt und die wir, da wir vielleicht vorher gebetet haben, als die Stimme Gottes deuten. Gott bewahre uns vor solchen neuen Offenbarungen! Sondern ich meine es so, daß ich in der Zeit der Stille den Bibeltext, der zuvor gepredigt oder vielleicht auch nur verlesen wurde (so auch die Einsetzungsworte zum Abendmahl), bedenken und auf mich und meine Situation persönlich beziehen kann, so daß Gott nun zu mir persönlich redet durch sein heiliges Wort.

2. In der Stille kann es geschehen, daß wir mit unserm Herrn reden durch Gebet und Lobgesang. Was uns auf dem Herzen liegt, aber nur Gott und uns etwas angeht, kann in der Stille in Gedanken gesagt werden, und hier ist sowohl Platz für die Bitte als auch für den Dank und das Lob, sofern wir unter Lobgesang nicht nur stimmlich artikulierte Laute verstehen.

3. Und es kann in der gottesdienstlichen Stille geschehen, daß tatsächlich einmal niemand redet, daß – wie Tersteegen sagt – alles in uns schweigt. Wir sind wortlos, wir sind alle Worte los. Man könnte fast sagen: In der gottesdienstlichen Stille, vielleicht besonders der aus dem Gebet geborenen Stille, wird das möglich, was kommunikationstheoretisch eigentlich unmöglich ist, nämlich nicht zu kommunizieren. Stephanie Dietrich will auch dieses innere Schweigen vor Gott noch als Kommunikation verstehen, jedoch als Kommunikation via negationis, ja als Nicht-Kommunikation.[35] Und nach diesem Urlaub von meiner anthropologischen Grundbestimmung kann es vielleicht umso besser gehen, wieder zu hören und zu reden. Und insofern – nur insofern – ist auch diese Leistung der Stille für den Gottesdienst dienlich.

Ein letztes möchte ich noch sagen: Wir können als Evangelische die Stille nicht mehr verstehen als *Voraussetzung* für das Kommen Gottes, denn Gott hat sich ins *Wort* begeben.

Zwecks praktischer Vorbereitung auf dieses Referat habe ich mich auf dem Evangelischen Kirchentag einmal in eine meditative Übung mit dem Titel „Einführung in die Stille" gewagt, und da wurde mir noch einmal sehr deutlich:

---

[35] Dietrich, Das schweigende Gebet S. 8.

In der Stille an und für sich bin ich Gott noch nicht näher als wenn ich Fußball spiele. Vielleicht sogar ferner, da ich beim Fußball mehr auf die Gnade angewiesen bin. Ich kann die Stille mit allem, was ihr dient – wie Atemübung und bestimmte Körperhaltungen – nur verstehen als ein *Werkzeug*, um auf Gott zu hören und mit ihm zu reden. Und als solches Werkzeug hat sie ihr Recht und ist für diesen Zweck gut geeignet, wahrscheinlich besser als das Fußballspielen, und vielleicht sogar besser als so manche wort-reiche Textauslegung oder Gebete.